비가 온다고
꼭 울지는
않았다

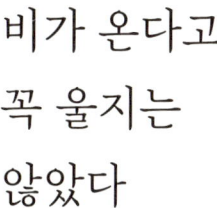

# 비가 온다고
# 꼭 울지는
# 않았다

하구비 시집

일단

시인의 말

비가 오는 날이 언제나 슬픔은 아니었다.
봄의 내리는 비는 꽃들의 향을 더욱 짙게 만들어 주었고, 여름의 비는 뜨거운 열기를 삭여주었다. 가을의 비는 잔잔한 하루를 다독여주었고 겨울의 비는 종종 온온함을 가득 품었다.

비가 온다고 꼭 울지는 않았다. 어린 날의 우리는 비가 오는 날이면 저녁에 마주칠 어머니의 무서움을 잊고 뛰쳐나가 큰 소리로 웃어 대었다. 그날을 기억하는가. 무엇이 그토록 행복을 안겨주었을까.

어른이 된 지금의 우리에게도 비는 위로를 건네기도 추억을 내리기도 잊지 못한 사랑을 씻어주기도 한다. 아직 나는 비가 오면 신이 나 슬리퍼 한 짝에 반바지를 입고 뛰쳐나가 비를 어루만지곤 한다.

비야, 오늘 내리면 너는 나에게 행복일 테지
비야, 내일 네가 내리면 나는 벌써 행복할 테지
비야, 우리의 슬픔 싹 씻어주고 저 바다에 묻어다오.

네가 온다고 난 꼭 울지는 않을 테다
어린 날의 너를 슬픔으로 만들고 싶신 않으니

| | |
|---|---|
| 04 | 시인의 말 |
| | |
| 12 | 비가 온다고 꼭 울지는 않았다 |
| 13 | 야생화 |
| 14 | 그 시절은 갔다 |
| 15 | 그림자 또한 나였다 |
| 17 | 고양아 너는 좋겠다 |
| 19 | 그러한 아이 |
| 21 | 그대가 밉습니다 |
| 22 | 나는 결코 죽지 않는다 |
| 24 | 스스로를 찌르는 장미에게 |
| 26 | 사랑이 그득한 시 |
| 28 | 나이가 들어 |
| | |
| 29 | 여린 나무 |
| 30 | 삶이라 |
| 31 | 삶의 균형 |
| 32 | 별이여 |
| 34 | 들꽃향기 |
| 35 | 별이 수놓인 밤 |
| 37 | 가을비 |
| 39 | 잠들고 싶은 달 |
| 40 | 끝은 죽음일 테니 |
| 42 | 또다시 봄 |
| 44 | 기억 |
| 45 | 나는 나여라 |
| 46 | 홍시 |

| 47 | 바람아 |
| 48 | 잔향 |
| 49 | 햇살 |
| 50 | 낙엽 |
| 51 | 너와 꽃 |
| 52 | 달무리꽃 |
| 53 | 너울 |
| 54 | 단풍 |
| 55 | 모기의 함정 |
| 56 | 옷 |
| 57 | 진정한 사랑 |

| 58 | 행복 |
| 59 | 범람 |
| 60 | 별의 소원 |
| 62 | 매미의 울음 |
| 64 | 지금이 좋다 |
| 65 | 거울 |
| 66 | 서투름 |
| 67 | 10월의 날씨 |
| 68 | 가을 |
| 70 | 이질감 |
| 71 | 미완성의 사랑 |
| 72 | 사랑이라 배웠다 |
| 73 | 바람이 분다 |

| | |
|---|---|
| 74 | 눈 내리는 날 |
| 76 | 노란 코스모스 |
| 77 | 늦잠 |
| 78 | 별리 |
| 79 | 어린 시절 비오던 날 |
| 81 | 너라서 |
| 82 | 나 |
| 83 | 사진 도둑 |
| 84 | 이별 |
| 85 | 웃음을 잃었다 |
| 86 | 빈 잔 |
| 87 | 장미 |
| 88 | 까만 밤 |
| 89 | 바람과 함께 |
| 90 | 자애 |
| 91 | 달빛이 내린다 |
| 92 | 믿음 |
| 93 | 당신이 보는 세상 |
| 94 | 세상에 하나뿐인 꽃 |
| 95 | 꽃길은 꽃이 만든다 |
| 96 | 눈사람 |
| 98 | 울음과 웃음 |
| 100 | 떠나보내며 |
| 102 | 세월처럼 |
| 104 | 나는 |

| | |
|---|---|
| 105 | 씨앗이 나무가 되고 |
| 107 | 추억 아래 |
| 108 | 절망을 바라본 꽃 |
| 110 | 삶 |
| 112 | 쓰레기통 |
| 113 | 못다 핀 꽃 |
| 114 | 해도 넘어지는 세상 |
| 116 | 햇빛을 만난 나뭇잎 |
| 117 | 비 내리는 밤 |
| 119 | 바보처럼 |
| 120 | 훗날 |
| 122 | 그대라서 |
| 123 | 횡단보도 |
| 124 | 꽃이 피는 이유 |
| 125 | 하늘을 그리다 |
| 126 | 우산 아래서 |
| 127 | 구름 |
| 128 | 파도 |
| 129 | 장마 |
| 130 | 그림자 |
| 132 | 그대로이기에 |
| 133 | 버스 안에서 |
| 135 | 양초 |
| 136 | 마음에도 꽃이 피었다 |
| 137 | 바람 |

| | |
|---|---|
| 138 | 개구리 |
| 140 | 낙화 |
| 141 | 너를 |
| 142 | 우리의 계절 |
| 144 | 잊히지 않을 계절 |
| 145 | 꽃과 꽃밭 |
| 146 | 꽃이 아니랍니다 |
| 147 | 그래요 |
| 148 | 애정결핍 |
| 150 | 감정이란 이름의 바다 |
| 151 | 어설픈 기도 |
| 153 | 어른 |
| 154 | 진심 |
| 155 | 느티나무 |
| 156 | 오늘 밤 또 한 번 |
| 157 | 그냥 |
| 158 | 청춘 |
| 159 | 작은 불씨 하나 |
| 161 | 새벽 |
| 162 | 보통의 밤 |
| 163 | 멸치 |
| 164 | 달님 |
| 165 | 겉치장은 뺐습니다 |
| 166 | 꽃비 |
| 167 | 비에 젖은 꽃 |

| | |
|---|---|
| 168 | 벚꽃 |
| 169 | 벚꽃은 지면서도 웃는다 |
| 170 | 사랑이다 |
| 171 | 태양 |
| 172 | 꽃씨는 민들레 되어 |
| 173 | 잠들 수 없는 밤 |
| 174 | 친구 |
| 175 | 꽃봉오리 |
| 176 | 충분하다네 |
| 177 | 동행 |
| 178 | 홀로 핀 꽃 |
| 180 | 그림자도 기대고 싶다 |
| 182 | 선물 |

## 비가 온다고 꼭 울지는 않았다

예고 없이 쏟아지는 빗줄기에
울지는 않았다

비록 온몸을 때리는 빗방울일지라도
결국 발끝으로 향해 흘러갔다

그렇게 흐르고 흐름 끝
바다가 되었다

그 안에서 하나둘
새로운 생명으로 피어나
삶을 이어갔다

그렇기에
비가 온다고 꼭 울지는 않았다

## 야생화

운명이든 우연이든
이미 피어난 순간
언젠가 시들 것을 안다

그렇기에
더욱더 붉게 타오르고
더욱더 짙게 퍼뜨린다

그래 우린
이미 피어난 꽃이며
마지막 한 숨결에도 꽃이다.

## 그 시절은 갔다

담소를 나누고
미소를 지어 보이고
행복을 품던

그 시절은 갔다

채워지지 않는 빈자리
그 자리에 그림자만 남아
그 시절을 그린다

그래,
그 시절은 떠났다

## 그림자 또한 나였다

나는 오늘 다짐한다.
사랑이라는 단어로 쉽게 사랑하지 않기로
나는 오늘 다짐한다.
이별이라는 단어로 쉽게 이별하지 않기로
나는 오늘 다짐한다.
다짐이라는 단어로 쉽게 다짐하지 않기로

어제의 나는 오늘의 나를 모르고
오늘의 나는 내일의 나를 모르고
내일의 나 또한 어제의 나를 알 수 없다

비록 사랑은 떠나고 이별은 앞에 왔지만
나에게 사랑은 그대로인 채
이별을 나 몰라라 웃으며 서 있다

※   ※
　　※

비록 사람은 떠나고 아픔만 앞에 왔지만
나에게 사람은 사랑인 채
아픔을 망각하며 서 있다

나는 사랑을 사랑으로
이별을 이별로
사람을 사람으로
그대로인 채 받아들일 수 없는 바보이다

# 고양아 너는 좋겠다

고양아, 너는 좋겠다
어지러운 관계에 시들려
쓰러지지 않아도 되니

고양아, 너는 좋겠다
거센 현실 아래
요염한 발자국을 내디디니

고양아, 너는 좋겠다
숨죽여야 사는 하늘 아래
울고 싶을 때 소리 내어 울어도 되니

고양아, 다음 생
우리 한번 다르게 태어나 보지 않으련

안다고만 생각한 부러운 너의 삶
나와 다를지 느낄 수 있도록

## 그러한 아이

아이를 바라보는 눈
그것은 참 행복한 일

아이의 미소
그것은 봄날의 햇살

아이의 단어
그것은 실로 찬연한 시구

그러한 아이가 우리에게도 있다

가슴속 울부짖는
어린 날의 아련함
작지만 소중한 아이

※　　　※
　　　※

놓을 수 없는 시간 틈에 숨어
하루 종일 문을 두드리는 그런 아이
그러한 아이가 우리에게도
저 푸른 하늘 아래
뉘어 있다

## 그대가 밉습니다

푸른 하늘 바라볼 눈을
달콤한 꽃향기 맡을 코를
매혹적인 맛 느낄 입을

신님이여
제게 잊지 못할 인생을 주어
감사합니다

다만, 오늘은 유난히
그대가 밉습니다

행복하기만 할 줄 알았던
저의 작은 삶에
고작, 눈물 따위에 부식될 마음을 주신
그대가 오늘은 유독 밉습니다

## 나는 결코 죽지 않는다

나는 가슴속 유서를
꾸깃꾸깃 접어들고 다닌다

영웅처럼 누군가를 구하고
죽어갈 때
차에 치여 비루하게 쓰러져
죽어갈 때
또는 아무도 모르게 조용히
죽어갈 때

이렇게 말하고 싶다
나는 죽은 게 아니다
죽은 체하는 중이다

그러니 슬퍼하지 말고
끝내 떠나갈 때 잊지 말라고
울부짖는 것이다
나는 결코, 죽지 않기에
유서를 고이 간직한다

## 스스로를 찌르는 장미에게

불행한 인생 속 살아야 한다며
서서히 죽어가는 나에게

웃으며 대화하는 저 어여쁜 청춘에게도
빛 속 드리워진 그림자 하나쯤 있지 않겠는가

아이들과 해맑게 웃는 꽃보다 아름다운 가족에게도
잊지 못할 아픔 하나쯤 있지 않겠는가

보이는 칼날에 속아 가슴속에서 필사적으로
부풀려지는 전장의 크기

✳  ✳
　　✳

그건, 사실
스스로 자아내는 아픔 아니겠는가
아아, 어쩌면 자그만 일렁임을 해일처럼
두려워하진 않았는가

오늘도 스스로를 찌르는 장미에게
삐뚤어진 글자를 모아 심심한 위로를 보낸다

## 사랑이 그득한 시

사랑이라는 단어
그 안에 담긴 뜻이 무엇이길래
사랑 하나에 웃음 짓고
사랑 하나에 아파하며
사랑 하나에 목숨 걸고
사랑 하나에 세상을 등지나

사랑이라는 단어
그 두 글자가 대체 무엇이길래
떠나는 사람을 울며 잡고
버려진 자신을 울려 대고
남겨진 시간을 붙잡으며
다시 못 올 사람이라고 후회하나

사랑이, 사랑이, 그 사랑이

※　　　※
　　※

세상이 말하는 그 처절한 사랑이
무엇이어서 그토록 사무치는가

## 나이가 들어

고작 밤만 깊어 가는데
왜 이리, 요동치는가
고작 구름 흘러가는데
왜 이리, 슬퍼지는가

그날 놓지 못한 그리움
남겨 놓고 온 미련인가

아무렴 햇살 아래
함께였던 그 순간
어찌 쉬이 잊히겠는가

이제는 추억 아래
홀로 남긴 그늘 속
지쳐 쉴 수 없는 나인가

## 여린 나무

척박한 환경에서
푸르르 빛나는
이름 모를 여린 나무여

남인 줄 떠나보낸
계절 속속 홀로
뿌리내린 생명이여

차디찬 겨울이 널
시기한다 한들
비록 외로움 사무친다 한들

부디 끝자락에서 간절히
버티고 버티어
햇살 속 너의 숨결
푹, 담아 보내다오

## 삶이라

축축한 가슴을 부여잡는
이곳은 홀로 남겨진
방 한 켠이라

녹슨 심장이 굳어 가는
이곳은 실로 아린
가슴팍이라

그윽한 녹물을 흘리는
이곳은 세상을 잃어가는
눈동자 속이라

샘을 지나 샘하는
이곳은 한 켠
삶이라

## 삶의 균형

걸어야 비로소 보이듯
멈춰야 비로소 보이고
들어야 비로소 보이고
보아야 비로소 보이는
삶이야 비로소 그런 것

## 별이여

저 푸르디 거문 하늘
거뭇한 눈동자
피어난 별이여
하루 내내 그대를
그리고 그렸다

태양 뒤편 수줍이 숨어
눈을 감은 별이여
오늘은 그대를
그리다 결국 그렸다

새하얀 도화지 속
거문 물감을 뿌려
그 위 뚝 뚝
하나둘 그대를 그렸다

＊　　＊
　　＊

등 아래
고개 숙여 흘린 눈물로
하나둘 그대를 피었다

## 들꽃향기


벼랑 끝 조여오는 암석
생채기 사이
자라난 싹이라

온실 속 피어난
화초가 예뻐 보일지라도
시샘하고 슬퍼할지라도

비바람에 숨어 울어대고
눈보라에 맞서 떨어대고
끝내, 피어난 들꽃이라

미처 보이지 않아도
미처 들리지 않아도
못내, 피어난 향이라

## 별이 수 놓인 밤

눅눅한 펜촉 자국이 담긴
휘갈겨 한없이 가벼운
찢어질 듯 아팠지만 남겨진
수없이 쌓인 종잇조각 사이사이
하나하나 별이 되어 빛나는 밤
수많은 이야기가 떠오른다

피어나는 별처럼 왔다가
지어가는 달처럼 가는
오랜 날의 흔적들이여

오늘도 적적한 하루를 보내고
또다시 백지를 택한 펜이여

✳    ✳
　　✳

저 하늘 서로를 마주 보며 놓인
한날의 빛바람이여

그대들에게 결코
추억은 별이 될 수 있는가

## 가을비

녹슨 심장 위로
눈동자를 지나
흘러내린 녹물은
철제 우산 손잡이까지 번졌다

결 봄 여름이 지나
가을이거늘
그칠 기세를 보이지 않고
뚝뚝

애꿎은 손바닥
사이를 비집고
들어와 헤집다

※ ※
　　※

빛이 바랜 눈동자
더 이상 고일 물이 없어
무척이나 맑은 하늘에서
뚝뚝

※　　※
　　※

# 잠들고 싶은 달

축축한 하루가 끝나면
잠들지 못하는 달도
가끔은 잠들고 싶죠

고독을 벗어나
녹이 슨 옷을 벗고
속상한 심장을 꺼내
가끔은 꿈꾸고 싶죠

달도 밤을 잃고
하나둘 사라지는 별 곁에서
쪼그려 앉아
눅눅히 울고 싶죠

## 끝은 죽음일 테니

더 이상 분침을 지나치지 못하는 초침
수명을 마주하며 절실히 깜빡이는 백열등
이불 아래 흐름이 멈춘 채

슬픔과 아픔
애달픔과 고달픔
서글픔과 구슬픔
픔을 끝으로 품으로 돌아간다

결말 뒤편 새로 시작될 소설 속
갈등과 위기를 넘어
끝내 비극의 창으로 심장을 찌르고

바란 마음보다 바랜 현실이
내게는 더욱더 가까울 테니

✳   ✳
　✳

오늘도 살고자 하는 마음을 뒤로한 채

가슴 깊이 유서를 새기고
눈물로 움푹 패인 광대를 애써 가리며
결국 끝맺음을 짓는다

## 또다시 봄

그리움을 뒤로한 채
지나온 봄

두고 온 꽃내음이 남아
소낙비가 내릴 때

가녀린 형상이 흩어질까
버선발로 뛰쳐나가
잡아보려 몸부림치다

끝내 놓쳤나 하여
하염없이 흘리다

어느새 낙엽이 지고
흩날리는 눈발을 보며

※　　※
　　※

그래, 그래
그리움을 못 이겨
봄은 또다시 돌아오는구나.

기억


꽃이 시든 것인지
내가 시든 것인지
모를 풍경 앞

너는 또
해처럼 저물어 간다

## 나는 나여라

이놈에 세상
저놈에 세상
그놈에 세상

됐다 됐어
누가 뭐래도
나는 나여라

기준과 비교
셀 수 없이 반복되는
삿대질과 지표

됐다 됐어
누가 뭐래도
나는 나여라

## 홍시

달콤한 맛을 약속했다
뒤편에 앙상한 가지를 남기고
하나둘 외로이 떨어지는 잎을 대신 남겼다

초록빛에서 다홍빛이 될 때까지
수많은 바람과 계절을 지나
아픔을 남기고 드디어 물러졌다

사무치는 바람이 지나도 묵묵히
무더운 태양을 인내하고
조용히 색을 바랐다

너는 그런 사람이었다

바람아

바람아
쉿,

조금만 멈추어다오

바람아
쉿,

조금만 기다려다오

너 하나 멈추어 쥬다면
너 하나 침묵하여 준다면

내 세상 참 평온할 텐데

바람아 그러니 쉿.

잔향

너는 꽃처럼 피었다
꽃처럼 흩어졌다

네가 두고 간 향기 속
잔상이 남아 머릿속을 맴돈다

나는 널 잊을 수 없다
너는 아직도 내게 꽃인 채

지워지지 않는다

# 햇살

아침마다 찾아오는 너

창문을 넘어 잘게 부서져
눈으로 다가오는 그런 너

밤이 되어도 가슴에 남아
잊히지 않는 너

너에게 짙게 물들어 가는
잎사귀 하나둘

그 아래 같이 무르익어 가는
나의 눈동자

나는 그런 널
온온한 햇살이라 부른다

# 낙엽

처량한 나뭇가지 끝자락
힘겹게 매달린 나뭇잎 하나둘
열매를 맺느라 온 힘을 다해
쏟아부은 손가락은
고달프게 가녀립니다

바람이 두어둔 사랑은 온데간데없고
처량히 높은 하늘만이 유유히
그 아래 한낱 언제 떨어질지 몰라
흔들리는 가슴을 부둥켜안고
홀로 아등바등 매달려 있습니다

힘 풀린 손아귀를 놓친 찰나
나풀나풀 그리고 처량히 울리는 바스락
모질게 부서지는 낙엽이 되었습니다

\* \*
  \*

## 너와 꽃



꽃이 핀다 하여
너가 피어나는 건 아니다

다만, 너가 피어나면
어느새 세상은
꽃밭이 된다

아아, 나도
꽃이 된다.

## 달무리꽃

오늘 밤에도
달이 피어나듯
너도 피어나라

달향 가득 머금고서
새하얗게 피어나라

너울

손바닥으로 가려지지
않는 것이 있다

그중 다는 몰라도
꼭 하나는 안다

그건 너울 같은
너에 대한 내 마음이다

## 단풍

바람에 흩날려
붉게 물들었던
가을이 시작되었다
낙엽을 떨어뜨리고
바스락바스락
추억을 녹여 낸다
다시 한번
그때의 추억이
반복된다
괜찮으리라
허튼 시도는 아닐 테다
그러니 다시 추억을 빚어보자

## 모기의 함정

네가 지나간 그곳
흔적이 남는다

붉게 부풀어 올라
손끝을 보챈다

참을 수 없는 촉감
생각을 사로잡는다

빠져든다
네가 만든 함정 속으로

쓰라린 상처로 남을 것을 알지만
결코, 벗어나지 못한다

※　　※
　　※

웃


오늘도
가면 속
삶에 취해
현실과
마주하는 방법
잊는다

## 진정한 사랑

꽃이 서서히
시들어갈 때

비로소
사랑을 깨달았다.

행복

봄은 향긋해서
여름은 후끈해서
가을은 알록달록해서
겨울은 시려서

평범한 그 순간들이 내게 와
늘 행복하다

※　　※
　　※

범람




넘쳐흐른다

숨이 턱 막혀온다

결국,
막을 수 없었다

## 별의 소원

둥근 달이 뜬 어둠 자욱한 밤
하늘을 바라보았다.
저만치 먼 곳
눈치 없이 빛나는 달에 가려
보이지 않는 별들을 보기 위해
눈살을 찌푸렸다.
아무리 부릅떠도 보이지 않는 별들
그렇게 저 못난 달이 미워
달 옆구리를 꾸욱 찔렀다.
달도 여심 아팠는지 눈치가 보였는지
빛을 조금씩 옅게 만들었다.
달빛에 가려 있던 별들은 하나둘 나와
한 놈은 웃고, 한 놈은 떠들고 또 한 놈은 춤춘다.
그러다 저 한 놈 기다리다 지쳤는지
꼬리를 물고 쭈욱 땅으로 떨어진다.

※　　　※
　　　※

나는 그놈 보며 소원을 빌었다.
별들도 나를 따라 소원을 빌었다.
우리는 소원을 빌었고 한참을 흘려보냈다.

## 매미의 울음

뭐가 그리 슬픈지
숨 쉬는 시간마저 아끼며
매미는 울었다

그날의 나를 보았을까
그날의 너를 보았을까

모든 걸 다 안다는 듯
소리를 내던 매미 한 마리

모습은 온데간데없고
울림만 귀에 맴돌았다

※　　※
　　※

감정의 도화선에
불을 지폈지만

정작 비 오는 날
매미는 울지 않았다.

## 지금이 좋다

때로는 젖은 꽃이
더욱 아름답기 마련이며
봄 향기 풍기던 날보다
흰 눈에 덮인 꽃내음이
발걸음을 사로잡기도 한다

순리대로 지내온 날들보다
잠시 길을 잃은 날들이
더 빛날 때가 있다

그림으로만 보여지는
아름다운 미래보다
한 치 앞을 몰라
하루하루 치열한
지금이 더 좋다

거울

미소일지
울상일지

그건 너가 정해라

보이는 것은 너의 몫이니

서투름

시간이 흘러
계절이 깊어지고
두 자리의 숫자가 바뀌면
아픔이 무덤덤해지고
슬픔이 메마를 줄 알았다

그러나
숫자의 무게가 늘어남에
그저 감정을 가리는 일
그저 표정을 숨기는 일
그저 목소리를 지우는 일

그렇게
하루하루 늘어나는 건
결국
서투른 흉터뿐이었다

## 10월의 날씨

나른한 햇살
아스스한 밤공기
해 지는 시간 일러지다
하나둘 잎 해진다

어느덧 다다랐다
언저리 가을

너는 어디 즈음
봄인가 여름인가 갈인가
꼿꼿 달력은 멈춘다

10월에는 부디
따뜻한 스웨터 한 장 걸치고
노랑 물결 아래 빨강으로 태어나길

가을

초록에서 파랑을 덜어낸 노랑
어느새 하나둘 빗물로
노랑을 덮던 파랑을 지워낸다

빗물에 딸려 실려간 구름도
하나둘 사라져
푸르디푸른 하늘 아래 푸르르

어느새 밤은 깊어가고
벼는 노란 물결 아래
풀썩 고개를 숙인다

나를 키우던 두 자리의 숫자는
늘어나기만 하다
풀썩 뒷날을 돌아본다

✳  ✳
　　✳

되었다
봄날의 햇살은 가고
녹지던 나무는 지우고

어느덧 세월도 가을이 되었다.
그리고 끝내 두고 온 겨울을 마주하겠지

## 이질감

푸르다가 붉다가 까매진다
하얗다가 투명하다가 먹진다
하늘도 구름도 변한다

어제의 나는
오늘의 나는
내일의 나는
같은 사람일 수 있을까

## 미완성의 사랑



꽃은 눈을 위하여
편지는 마음을 위하여
포옹은 온기를 위하여

이 모든 건 결국
너를 위하여

뿌려진 작은 조각들 모아
너에게 전하는 끝나지 않을
미완성의 사랑

## 사랑이라 배웠다

꽃처럼 피었다
낙엽처럼 바스라지는

햇살 아래 일어나
파도처럼 잘게 부서지는

그러한 널
사랑이라 배웠다

# 바람이 분다

바람이 분다
나리는 꽃씨처럼

바람이 분다
시린 향수처럼

바람이 분다
내게도 분다

민들레 씨앗 품고
또 사랑 찾아

바람이 분다

# 눈 내리는 날

차곡차곡
눈 내리는 날

온 세상을 하얗게
지워버린 날

꽁꽁 싸맨 몸을 이끌고
뛰쳐나가

뽀드득 뽀드득

＊　　＊
　　＊

발가락 언저리부터
전해져 오는
그동안의 추억

어느 하나
사연 없는
눈꽃은 없었다

노란 코스모스

지나감을 잊은
흔적을
겹겹이 쌓아
노란
풍경을 만든
우리의 발걸음

늦잠

살기 위해
늦잠을 잤다
긴 시간
모든 것
지우기 위해

※　　※
　　※

## 별리



잠든 눈가에
물방울이 맺혔다

오늘 밤 네가
다녀간 흔적일까

어느새 빗방울이 되어
흘러내리는
흐릿한 너의 모습

베갯머리부터
끝자락까지
너만이 흘러내리고 있었다

## 어린 시절 비 오던 날

하늘을 가리운 우산을 접어든 채
머리카락부터 발끝까지 타박타박
쏟아져 내리는 빗방울을 음미했다

토닥이는 엄마 손길 같았고
엉덩이 토닥이는 할머니 손길 같았고
어디선가 들려 오는 웃음소리 같았다

그래서 비 오는 날이면
우산을 뒤로 던진 채 우비를 벗어 재끼고
무작정 뛰쳐나가 큰 소리로 뛰어다녔다

그때는 그냥 비 오는 날이 즐거웠다
그랬던 나였다
그러나 지금의 내겐
그냥 비라는 단어는 사라진 지 오래다

※    ※
　　　※


진즉 빗소리가 심장을 눅눅하게 만들었고
맨바닥에 산산이 부서지는 빗방울 보며
눈물을 훔쳤다

이제는 돌아오질 못할 어린 시절 비 오던 날의 나
그때가 그리워 가끔 빗줄기에 숨는다
눈물 없이 소리 없이 그저 서있는다
빗물이 눈물인지 빗소리가 울음인지 모를 시간 앞에
묵묵히 서있는다

## 너라서

다른 이유가 있을까
단지 너이기 때문에
사랑할 수 있는 게 아닐까
너라는 이유 하나로
설명이 부족하다면
그건 내가 부족해서가 아닐까
그냥 너이기에
그 시간 그 장소에서
너를 보았기 때문에
나는 너를 사랑한다

나

나라서 그냥 좋다
다른 이유 없이
나를 좋아한다

존재의 의미를
어딘가에서 억지로
끄집어낼 필요 없이

나라는 이유 하나에
나를 좋아한다

✳   ✳
   ✳

## 사진 도둑

예쁜 풍경이 보일 때면 조용히 카메라에
그 순간을 도려낸다

고양이가 보이면 스리슬쩍 카메라를 꺼내
사진 속에 담아 달아난다

나는 욕심이 많아서
아름답고 사랑스러운 장면을 남몰래 찰칵

아마 모르겠지만 넌 이미 내가 훔친 사진이 되어
훗날 나의 웃음을 훔치는 도둑이 된다

이별

감정의 뒤틀림
시간의 뒤틀림
너와의 뒤틀림

이미 꼬일 대로 꼬여서
더 이상
매듭을 풀 수가 없었다
결국
널 자르기로 했다

## 웃음을 잃었다

오늘도 웃었다
어느 순간부터 다른 표정을 잃었다
주변의 시선에 쫓겨
우는 법을 잊었고
화내는 법을 잊었다
슬플 땐 평소보다 크게 웃었다
화가 날 땐 평소보다 작게 웃었다
이제는 웃는 법을 잊었다
기뻐도 슬퍼도 화나도 웃어야 했기에
언제 진실한 미소를 지었는지 잊게 되었다
오늘도 웃었다 이유를 모른 채

## 빈 잔

너를 지우려 한다
소주 한 잔에 너를 털어내려 한다
더러 나까지 지울까 두렵다

소주 한 잔에 너의 모든 걸 지우려 한다
나까지 지워질까 두려워
섣불리 비우질 못한다

이제 잔을 비우려 한다
내려진 잔 속처럼 내 모든 걸 지우려 한다

장미

황무지에 널브러져
가시가 되려 하던 내가
장미꽃을 피웠다

## 까만 밤

가끔은 까만 밤이
참 예쁘더라

물감을 덧칠해도
더해지지 않는
그런 하늘이라서

우주의 깊이 도달하여
잠겨 있을 수 있는
그런 하늘이라서

덧붙이지 않아도
끝을 알 수 있는
그런 하늘이라서
좋더라 까만 밤이

## 바람과 함께

빠르게 빠르게
흘러가는 세상에서
바람에 몸을 맡기어 보아라
흔들거릴 땐 잔잔한 음률에 취하고
싸아악할 땐 두근거림에 빠지고
태풍이 몰아칠 땐 휘몰아치는 감정에
몸을 맡기어 보아라

자애

친구를 사랑해도 된다
가족을 사랑해도 된다
연인을 사랑해도 된다
남을 사랑해도 된다
다만
자기 자신을 사랑하는 일을
미루지 말아라

# 달빛이 내린다

한 치 앞이 보이지 않던 내게
어느 날 달님은 빛을 내려주었다

음이 소거된 세상 속에서
귀를 막기 시작했던 나에게
귓가에 한 줄기의 자그만 빛을 들려주었다
보이는 것 하나 없어 걸어야 했던 내게
님의 사랑은 잣대가 되어 주었다

지금은 나와 함께 걸어주는
밤하늘의 달빛과 푸른 하늘 뒤편의 달님
어둠 속에서 내려준 그의 귓속말은
참으로 달콤한 선물이다

믿음

보잘것없다고 느낄 때
되는 일 없다고 느낄 때
난 할 수 있어
되새기고 되새기다 보면
허상은 실상이 되어
어느덧 한 발자국 앞으로
내딛고 있을 것이다

## 당신이 보는 세상

아름다움 하나 눈에 담고
아름다움 둘 눈에 담고
아름다움 셋 눈에 담아
하나둘 차곡차곡 쌓다 보면
언젠가 당신의 추억 속
꽃이 피고
별이 피고
꿈이 피어
하나둘 사라져 가는 세상 뒤편
아름다운 세상 펼쳐지리

## 세상에 하나뿐인 꽃

자갈밭이라도
옥상 사각지대라도
피어난 넌
세상에 하나뿐인 꽃

시들시들해도
멍이 들어도
상처가 남아도
그건 남들과는 또 다른
너만의 이야기

# 꽃길은 꽃이 만든다

당신은 꽃이다
꽃길만 걷자는 말 대신
당신을 꽃이라고 말한다

꽃길은 꽃이 만드는 법이기에
꽃은 꽃길을 탐하지 않는다
한 송이가 피었든 뭉텡이가 피었든
당신이 서 있는 그곳이 꽃길이다

강가에서도 오솔길에서도
당신우 꽃이다

## 눈사람

봄 앞에는 항상
겨울이 있었다

꽃샘바람에 시달리다
꽃내음 물씬 풍기면
사람들은 하나둘 눈가에
미소를 지어 보였다

누군가는 알고 있었을까
겨울에 태어나 봄비가 내리면
홀로 온몸으로 울어대는 소년을

태어난 지 채 한 달도 되지 않아
눈물 흘리는 법을 먼저 배워야 했던 소년
그 누군가 지어 보이고 버려둔 생명

✽　　　✽
　　✽

봄이 온다고 난
너를 잊지는 못할 테다
어린 날의 나를 꼭 안아주던 그 모습을

그러니 봄이 온다고 울지는 않을 테다
나는 널 다시 또 보기 위해
일 년을 지새워 보내며 기다릴 테니

사랑했던 소년이여
이번 봄에도 부디
편히 잠들기를 기도하겠다

## 울음과 웃음

장마처럼 마구
흘러내리는 눈물도
때아닌 가뭄처럼
말라버린 눈동자도
너무나 아리다

너에게 울음과 웃음이
단비처럼 내리는
비였으면 좋겠고
선선한 바람 나리는
날이었으면 좋겠다

울어야 할 때 울고
웃어야 할 때 웃는
그런 날이 너에게 오도록

✳︎　　✳︎
　　✳︎

손을 꼭 잡아주리다
마음 한 켠 홀로 남은
이름 모를 소년이여

## 떠나보내며



기분이 묘하다
떠오르는 그림을
문장으로 옮기지 못해서

기분이 묘하다
떠오르는 문양을
단어로 옮기지 못해서

머릿속에서는
온갖 세상을 그리지만
손으로 표현하지 못해서

서러운지 가슴이 먼저
반응을 하고
눈을 통해서 슬금슬금

✳    ✳
　　✳

그러다 대놓고 쏟아 낸다

위로를 바라지 않았다
손길을 바라지 않았다
다만 다짐했다

이 순간과 공간 아래
기억에 기억을 더해서
다음에는 후회하는 일
기필코 만들지 않으리

다시 다짐 위에 다짐을
다듬질한다

## 세월처럼

바람은 불어오지
세월처럼
꽃잎 흩날리며 불어오지
인연처럼
하늘이 우는 날 불어오지
슬픔처럼
살랑살랑 햇살 아래 불어오지
행복처럼

그리고 한 번씩
숨쉬기조차 힘들도록 불어오지
시련처럼
시린 눈발과 함께 불어오지
이별처럼

＊　　＊
　　＊

바람은 불어오지
세월처럼

나는


속이 바다와 같은 사람은 좋은 사람이다
푸른 들판처럼 편안한 사람은 좋은 사람이다
산들바람처럼 웃게 해주는 사람은 좋은 사람이다
구름과 같이 함께해 주는 사람은 좋은 사람이다

하지만

나는

좋은 사람에게 좋을 수 있는 사람이길
이 다양한 사람들에게 언제나 곁에 있어 줄
계절과 같은 사람이고 싶다

## 씨앗이 나무가 되고

따뜻한 품 안에서 눈 뜨던 어린 시절
하늘을 바라보며 세상을 배웠다
그때는 흙바닥에서 미래를 그렸고
지금은 플라스틱 의자에 앉아 볼펜을 잡는다
모든 것이 커 보이던 아이의 꿈은
바다보다 넓었고 하늘보다 높았다
모든 것이 작아 보이는 지금은
꿈마저 한없이 작다
꽉 쥔 주먹 사이 구멍으로 보이는
하늘만이 위안이 된다
이 세상 모든 것이 내 것만 같던 시절에
끝없이 욕심을 부렸고
어느 하나 남아 있지 않은 지금에서야
헛된 바람을 잠시 내려놓고
보일 듯 말 듯 한 저 불씨 하나 잡기를 바란다

✳  ✳
　　✳

자그만 불씨가 씨앗이 되어 땅속에 뿌리내리고
뜨거운 태양을 등지고 쉼과 열매를 맺을 때
나 또한 순수한 욕심쟁이 꼬마에게
아낌없이 주는 나무가 되어 있으리다
먼 훗날 그 소년이 씨앗 하나 품을 때까지

## 추억 아래

별도 사랑도
꽃도 행복도
이 모든 것을 바라본
추억이 있었기에

때론 빛났고
때론 향긋했다
그렇기에
때론 아렸다

영원하질 못함에
더욱, 더욱
끝을 웃음으로

모난 마음도 모난 행동도
추억 아래 지워지길

## 절망을 바라본 꽃

정말을 바라본 꽃은
청초한 향을 내었다

빛을 잃어가면서
자신을 잃지 않는 모습은
삶을 잃어가는 사람에게
위로를 건네는 듯

절망이 찾아오기도 전
절망이라는 선고 앞에
우리는 저절로 지워져 가며

비록
눈앞에 보이진 않지만
보여질 사고 앞에

무릎을 꿇고 눈물을 흘린다

꽃은 시들 것을 알고 태어났을까
하나둘 벗겨지는 살갗을 보고도
더욱 청초할 수 있다면

다음 생 꽃이 되어 피어나리다
더욱 청초한 향을 내리다
꽃조차 시기하도록

※   ※
　　※

삶


제 갈 길 알고 가는
빗방울 어디 있겠습니까
그저
구름 따라 내리고
바람 따라 날리고
강물 따라 흐르다
끝내 멋모르고 도착한 곳이
바다 아니겠습니까

제 삶을 알고 가는
사람 어디 있겠습니까
그저
보이는 길 따라
걷고 걷다
넘어지고 일어서고

*　　　*
　　*

뛰어가다 보니 도착한
삶이 아니겠습니까

쓰레기통


구겨진 종이 뭉탱이도
다 들어가질 않는 세상

모난 감정을 어찌
다 받아들일 수 있을까

# 못다 핀 꽃

못다 핀 꽃 한 송이
더 이상 피워내지 못하여

하늘도 슬퍼서
울어 준다

마지막 가는 길임을
신은 알기에

## 해도 넘어지는 세상

해도 세상 저편으로
넘어진답니다

그 위대한 삶도
넘어지고 일어서길
반복하고

또 쓰러지고 잊힐걸
알면서도
다시 일어나는 그런

넘어지고
가끔은 어두운 구름에
가려도

※　　※
　　※

다시 일어난다면
해는 다시금 밝게 웃습니다

## 햇빛을 만난 나뭇잎

해님과 함께 찰랑찰랑
손 흔드는 그대여

이른 무더위에도
생긋생긋 웃어주는 그대여

살랑살랑 잔물결 일렁이며
찾아온 그대여

그대의 이름을 몰라도 좋으니
그저, 곁에만 있어 주오

# 비 내리는 밤

어제는 늘어나는 빗방울
초침으로 꿰어가며
달 지듯 울었습니다

비가 흘러 그랬는지
눈가에 세월이 내려 그랬는지
그저 하염없이 울었습니다

창문을 두드린 하늘비
그 사이사이 끼어든
별들이 유난히 슬퍼 보여
울었는지도 모르겠습니다

한여름 밤의 꿈이
처량해 하늘을 바라보다

※　　 ※
　　※

마주하여 울었는지도 모르겠습니다

어쩌면 그저 울고 싶었을까요

## 바보처럼

사랑시를 쓴다는 것에 대하여
사랑하고 있어서 사랑받고 있어서
사랑이 충분해서라는 생각을 했다

사랑시를 쓴다는 건

온전히 가질 수 없기에
온전히 받고 싶기에
그토록 절실히 써 내려가는 일이다

마치 바나나 우유에 첨가된
바나나 향을 맡으며
바나나를 상상하는 바보처럼

## 훗날

찬란한 햇살 아래
포근한 바람결에
흩날려 날아온 꽃내음

매미 소리 우거지는
한여름의 향수

무덥기만 할 줄 알았던
더위는 바다를 향한
사랑을 지어내고

그 끝에는
파스텔로 칠해질
끌림의 가을로 맺어진다

✳  ✳
　　✳

훗날 무더웠던 여름은
어느새 설렘을 자극할
향수로 남을 테다

## 그대라서


흩날리는 꽃잎 사이
피어나는 햇살처럼
홀연히 빛난다

흩뿌리는 빗물 사이
스쳐 가는 걸음처럼
고독하다

두고 간
사랑마저
잃어버린 그대라서

## 횡단보도

빨간불일 때
멈출 줄도 알아야 합니다

초록불일 때
나아갈 줄도 알아야 합니다

불이 없을 때
스스로 판단할 줄도 알아야 합니다

우리는 그 앞에서
인생을 배울 줄도 알아야 합니다

## 꽃이 피는 이유

누군가를 기쁘게 하려고
세상을 향기롭게 하려고

아니다

그저 꽃이기에
피어나 세상을 기쁘게 하고
피어나 세상을 향기롭게 한다

너도 그러한 꽃이기에
너라는 사실에
이유를
더할 필요 없다

## 하늘을 그리다

온종일 하늘만 바라보는
땅이 있다

푸른 빛깔 물결에 빠져
헤엄치다
하얀 빛깔 솜털에 누워
스르르 잠드는 땅이 있다

푸른 하늘이 부러워
여름을 온통 빗물로 뒤덮고
새하얀 솜털을 가지고 싶어
겨울을 온통 하얀 솜으로 뒤덮고

땅은 늘 하늘을 그리다
결국 그를 닮아 간다

사랑도 그러한 날이 있다

## 우산 아래서

어제는 왔고
오늘은 쏟아지고
내일은 차오른다

하늘에서는

끝없이 한없이
너만 퍽 내린다

## 구름

산 위에 업히면
산구름이다

바다를 헤엄치면
바다구름이다

가슴속을 떠다니면
그건 바로 꿈이다

바람 따라 나아가고
빗물 따라 깊어지며
사람 따라 달라지는

그건 바로 마음이다.

## 파도

출렁임 한 번에
사랑이 일렁이고

출렁임 한 번에
추억이 일렁이고

떠밀려 보냈지만
한 번의 일렁임에

수도 없이 찾아왔다
멀어져만 가는 시간이다

## 장마

하늘도 보았을까
세상이 떠나갈 듯
울어댄 날

비가 억수로 쏟아진 날
나의 노래는 더 이상
울리지 않았다

눈물을 음표 삼아
두드려 대는
추억의 건반은 빗소리에 묻혀
더 이상 울려 퍼지지 않았다

다행이었다
숨기지 않아도
아무도 몰랐던 그날이었던 터라

※　　※
　　※

## 그림자


한 걸음 뒤에 항상
서 있었다

눈코입 지워내고
오로지 그대를 담아내고
한참 바라보아도

달이 지도록
마주해주지 않는 그대

끝내
그대의 걸음을 막아야지만
시선을 내게 주는

등진 채 지나친

※　　※
　　※

나는 더 이상 그대를
마주할 수 없는걸
이제는 정말 어떻게 해야 하나

# 그대로이기에

시든 꽃도 꽃이기에
바랜 청춘도 청춘이기에

비록

확연하지 않아도
변한 것은 시간일 뿐이기에

## 버스 안에서

오늘은 비가 와서 목적지 모를 버스에 냉큼
바깥과 단절되어도 회갈색 내음이 풍겼다

퍼런 의자에 앉아 창문 넘어 보이는
빗방울 하나둘 빗물이 되어 흘러내렸다

뉘 것인지 내 것인지 모를 흐름에 갇혀
눈동자를 뺏기고 한참을 넋 놓다
내릴 곳 놓치어 서글피 울어 댔다

무엇일까 어느덧 청년이 되어
어느 곳을 가야 할지 어디서 내려야 할지
언제 멈춰야 할지 아무것도 모르는 바보처럼

장마철이라 더욱 흐릿한 눈동자만 덩그러니

※　　※
　　※

굳어 가는 몸뚱이만 덩그러니
아직 버스 안에 남아 정착지를 찾고 있다

## 양초

어찌 두렵지 않을까
어찌 슬프지 않을까

두려움을 녹여내고
슬픔을 흘려보내고

줄어드는 생명선 뒤편
아무도 모르게 묵묵히

굵은 심지를 연료 삼아
굳은 불꽃 피우는 아이

# 마음에도 꽃이 피었다

들에 피면 들꽃이다
길에 피면 길꽃이다
풀에 피면 풀꽃이다
밤에 피면 별꽃이다

마음에 피면
그건 분명 사랑일 테다

바람


네가 불어와
굳었던 마음이

흔들리기 시작한다

## 개구리

숨쉬기 어려운 세상
목 끝까지 물이 차오르는 세상

찾는 이 없는
저 산골짜기 물가

거침없는 발길질로
물속을 유영하는

숨구멍이 조여 오면
수면 위로 올라 생명을 달래는

목이 막히는 눈물
차오르면 맘껏 울어대는

※　　※
　※

개구리가 되고 싶다
저 작은 개구리가 되고 싶다

## 낙화

피어나는 꽃처럼
내게 와
가장 아름다울 때
멀어져 간다

가려면 새처럼
훨훨 돌아보지 말고
날아가면 좋을 텐데

나비처럼 눈앞에서
나풀나풀 아른거리니
어찌 잊으라는 말인가

너를

달이 뜨면
너를 생각하고

흐린 밤에는
너를 향하고

그러다
너를 그려본다

## 우리의 계절

계절은 변한답니다

시린 겨울이 아플 때면
향긋한 봄이 오고

변덕스러운 봄이 아릴 때면
뜨거운 여름이 오고

타오르다 우울한 여름이 슬플 때면
설레는 가을이 오고

애매한 가을이 처량할 때면
온 세상이 하얀 겨울이 오는 것처럼

오늘이 아린 날에는

*　　　*
　　　*

따스한 내일이 온답니다

우리의 계절도 그렇답니다

## 잊히지 않을 계절

미안해 이 문장이
그렇게 슬플 수 있을까요

고마웠어 이 문장이
그리 슬플 수 있을까요

잘 지내 이 문장이
그토록 슬플 수 있을까요

그대와 함께 수없이
지난 계절이
이리 아플 수 있을까요

아마도, 아마도
흩어질 봄 여름 갈 겨울 속
마음을 남겨두어 그렇습니다

## 꽃과 꽃밭

꽃을 심듯
너를 심는다

물을 주듯
마음을 준다

어느덧 자란
너는 꽃이다

나는 너 한 송이로
꽃밭이다

※　　※
　　※

꽃이 아니랍니다


오늘은 꽃을 드리겠습니다
밤새 달님께 물어 골랐습니다
수수한 옷을 골라 입었습니다
동네 꽃방 들러 수줍게 물었습니다
꾸깃꾸깃 지폐를 건네 바꿨습니다

오늘은 마음을 드리는 날입니다

## 그래요

나를 보듯
꽃을 봐주세요

눈을 보듯
하늘을 담아 주세요

손을 잡듯
바람을 살포시 잡아주세요

나를 안듯
세상을 포옥 안아주세요

그래요
나를 보듯 세상을 사랑해 주세요

## 애정결핍

어린 시절 사랑받지 못해
서글펐던 마음이

이제는 병이 되어
조여 온다

없었던 사랑이 오히려
죄가 되어

누군가를 괴롭히니
돌아선 내게 칼이 꽂힌다

사랑받고 싶을 뿐이라고
소리친다

※　　※
　　※

오늘 밤도 홀로
상처를 꿰매 본다

\* \*
　\*

# 감정이란 이름의 바다

모래사장 위
지나간 발자국과
남겨진 이름

밀려오는 파도에
파묻히도록
놓아두었다

정돈된 모래 위
흔적은 사라졌다

파도 속에 묻힌
자국들은

휩쓸려 바닷속으로
빠져들었다

## 어설픈 기도

신이시여
또다시 꿈을
잃어갈
오늘이 두렵습니다

신이시여
넘지 못할 벽 앞에서
가로막힐
내일이 두렵습니다

신이시여
또한 사랑하는 이가
슬피
울 날이 올까 두렵습니다

＊　　　＊
　　　＊

부디, 부디
부디
오늘도 내일도
언젠가 올 그날에도

## 어른

늘어나는 숫자에
성숙해지는 건
아니다

아플 땐 아프고
슬플 땐 슬프고
외로울 땐 외로운

다만
치열하게 버티며
살아갈 뿐

## 진심

화려한 수사법으로
꾸며진 문장보다

꾸밈없이 수려한 문장이
주위를 따뜻하게 할 때가 있다

그 속엔 비록 매혹적인 향기는
담기지 않았을지라도

담백한 진심이 은은하게
퍼져 있어 그렇다

## 느티나무

안녕!

스치는 바람에
살랑살랑
손 흔들며
말을 건네는
너처럼

아름다운 사람

그가 내게
손을 흔든다

안녕!

## 오늘 밤 또 한 번

꿈속의 너는
배시시 웃다
달려와 안겼다

그러다, 그러다,
그러다
한풀 벚꽃처럼
바람이 되어 사라졌다

그래도, 그럼에도
오늘 밤 또 한 번
피어나면 좋을 텐데

※　　※
　　※

# 그냥


하고 싶은 말을 하려 한다

울어도 된다

눈물이 흐르는 건
그만큼 너도
뜨거웠단 사실이니까

버티고 버티다
쓰러질 때면
울어도 된다, 맘껏

## 청춘

꽃과 닮아
언젠가 질 것을 알기에
더욱 치열하게
더욱 화려하게
빛을 내려 한다

지금도 빛나기 위해
발버둥 치고 있다면

그대는 아직 청춘이라는
비밀

※　　※
　　※

# 작은 불씨 하나




작은 불씨 하나 꺼뜨리려
모진 세상은 발버둥이다

비바람 거세게 몰아치고
날 선 눈보라 덮쳐오고

대체 무엇이 그토록
탐탁지 못해서 그러할까

그래,
한 번 덤벼 보아라

이 작은 아이
내 끝까지 살려

※　　※
　　※

너의 눈앞에서 똑똑히
불장난을 치리라
두고 보아라 모진 세상아

## 새벽

밤도 아닌
아침도 아닌
애매한 시간

비슷한 처지라

우리네는
새벽을 맴돌다
덜컥
울기도 하고 웃기도 한다

뭐 어떠한가
그러한 삶이 우리인데

## 보통의 밤

이름 모를 이가
남겨둔 반 언저리
아메리카노 두 잔

이 조그만 플라스틱 컵
두 놈도
짝이 있는 세상

비록, 비루한
몸일지라도
사랑 하나로 통하는

밤하늘의 달보다
눈길을 앗아가는
이 두 놈

오늘도 여전히 아름다운 밤이다

# 멸치

보았습니다
잔치국수 면발 사이
빛을 잃어가는 눈동자

그 속에 품은
절실한 은색 빛깔의 지느러미
수평선 너머를 향한 꿈

저는 보았습니다
국그릇조차 헤엄치지 못하는
그의 눈동자 속

식지 못할 잔불에 품은
바닷속 날아다니는 생명을

## 달님

아무것도
보이지 않던 세상

오직
당신만이 보였습니다

곁에 와 나지막이
사랑을 속삭이는
당신을 보았습니다

## 겉치장은 뺐습니다

거추장스레
덧붙여서 무엇 하겠습니까

봄이라는 단어만으로
이리 설레는데

그대 마음속
꽃내음 그윽하니
아름다운 세상
오랜 옛날 펼쳐졌습니다

꽃비

꽃잎이 날렸다

세상은 젖었다

마음에는 피었다

참 예쁘다

벌써 봄이구나

## 비에 젖은 꽃

뭉개진 마음속
비가 오나
빗방울에 흔들리는 꽃은
어찌 이리 예쁠까

너무 예뻐서
정말 너무 예뻐서
그러니까
내 말이 너무 예뻐서

세상이 울어댄다
온 세상이 설발 울어낸나

## 벚꽃

한껏 분을 바르고
머릿결을 다듬은
벚꽃처럼

예뻐 보이려
때론
발버둥 치는가

분가루 다 털어낸
버찌나무조차
고로
선물이라

한풀 꺾이지 않을
사랑이라 말하고 싶다

# 벚꽃은 지면서도 웃는다

오랜 세월의 외면을 버티며
살아온 이가 여기 있다

다른 이의 웃음 지어주려
자신을 지우는 이가 여기 있다

떠나야 할 때 미처 돌아보지 않고
웃는 이가 여기 있다

봄날의 햇살을 비추며
지기 위해 피는 꽃이 여기 있다

✳ ✳
　✳

# 사랑이다

예쁘지 않은 것을
예쁘다 말하면 거짓이고

예쁘지 않은 것조차
예쁘게 보이면 사랑이다

거울 속에 비친 너의 모습이
예쁘게 보이는 날이 오면

그날은 너를 사랑할 줄 아는
사랑이다

태양




해는 지지만
태양은 늘

붉게
타오른다

너의 어둠으로
밤이 드리워진 때에는

태양을 마음에 심어 보아라

## 꽃씨는 민들레 되어

그대는 민들레 꽃씨 되어
살며시 날아오라

나는 늦봄과 초여름
어느 한적한 흙이 되어

그대, 기다리겠다

## 잠들 수 없는 밤

헤라클레스 허리 자락
두 별을 보고 있노라면

당신의 초롱한 눈동자
생각납니다

별사랑과 위로를 수놓아
편지 한 통 엮어 보냅니다

부디 당신께
이 작은 우주 하나
닿길 기도합니다

## 친구

아침을 일으켜 세우는
해일까

늦은 밤을 달래는
달일까

홀로 핀 꽃을 찾아 날아온
나비일까

그래 맞다
해이며 달이자 나비이다

## 꽃봉오리

느닷없이 찾아온
겨울의 시샘
평범하기에는
매서운 아림

그래도 버티리라
그럼에도 이겨내리라
끝끝내 꽃을 피우리라

## 충분하다네


훌륭함에 지친 그대여
이곳에는
훌륭한 인간도 훌륭한 세상도
훌륭한 무언가의 형체도 없다네

다만
충분함만이 그득하다네
충분한 사람 충분한 세상
충분히 뚜렷한 무언가

그러니 훌륭하지 못함에
좌절하는 그대여

그대는 마치
우리 곁에 피어난 한 송이 꽃처럼
온 세상을 기쁘게 하기에 충분하다네

## 동행

그대 걸어가는 길
혼자가 아니라네

산들바람이 모여
살랑살랑 볼을 비비고

신비로운 파랑새 한 마리
주위를 맴돌며 위로를 건네고

그대 마음속에는
바람 따라 훨훨 나는
니비 한 마리 있나네

## 홀로 핀 꽃

저 먼 외딴섬
홀로 핀 꽃
봐주는 이 없다

때 되면 피어나고
저만의 향기
내뿜으며 살아간다

그의 벗은
바람이고 세월이고
외로움이다

홀로 살아가는 법을 배운
그에게 외로움은 있지만
슬픔은 없기에

그대도 홀로임에 익숙해지길
그러나 그대를 생각하는 사람이 있다는 사실 알아주길

# 그림자도 기대고 싶다

안녕, 오랜 나의 친구여
바스러지는 햇살에
몰래 스며든 친구여

힘이 들 때면
내게 잠시 기대어
잠을 청해도 된다

그림자 조금 늘어난다고
그 누가 뭐라 하겠는가
그러니 편히 누이다
다시 걸어가면 되지 않겠는가

그대는 나의 오랜 친구

※　　　※
　　　　※

그러니
잠시, 기대도 된다

선물

그대 좋아하는 모습
보려고 준비했다

그대 웃는 모습
보며 힘내기 위해

그러니
웃으며 받아주길

비가 온다고
꼭 울지는
않았다

발행일 2022년 12월 20일

초판 1쇄 인쇄  2022년 12월 05일
초판 1쇄 발행  2022년 12월 20일

지은이　　하구비
발행인　　이종혁
디자인　　서승연
기획자　　선종하

펴낸곳　　일단
이메일　　ildan1101@naver.com
출판등록  2022년 11월 1일 제2022-0000003호
ⓒ 하구비, 2022

ISBN　　　979-11-980755-0-5(00810)

·이 책은 저작권법에 따라 보호받는 저작물이므로 무단 전재와 복제를 금지하며, 이 책 내용의 전부 또는 일부를 이용하려면 반드시 저작권자와 '일단'의 서면 동의를 받아야 합니다.
·잘못 인쇄된 책은 구매하신 서점에서 교환해드립니다.